Español

Cuaderno de Abecedario

Spanish Alphabet Workbook

One to One Giving

Language Sprout envisions a world in which every child is equipped with multilingualism.

For each Language Sprout Book you purchase, we will give one to a child in need.

Research has shown how important access to books is in a child's development.
For many around the world, books are inaccessible.
With your help, we are partnering with schools around the globe
to provide colorful books to kids in need.
Thank you. Together we can change the world.

To find out more and to
Join the Language Revolution™, please check out our website.

www.LanguageSprout.com

Copyright © 2018 Language Sprout Publishing, L.L.C.
ISBN: 978-1-63354-507-6
All rights reserved. Published in the United States by Language Sprout.

languagesprout.com

Nombre: _____
name

El Abededario

The Spanish alphabet, "el abecedario," looks a lot like the English alphabet.

Let's take a look!

Check out the next page and search for letters that don't look familiar.

Did you find Ññ and Ll ll? Good! Color those "MORADO"

The Ñ sounds like N + Y and the Ll sounds like Y.

Just like in English, "el abecedario" is divided into two groups:
1.) consonants or "consonantes" and
2.) vowels or "vocales"

The vowels are Aa Ee Ii Oo and Uu.
Color those "ROJO" on the next page.

The Aa always sounds like the o in cow. That's right, ALWAYS!
The Ee always sounds like the a in hay. Yep, always.
The Ii always sounds like the e in me and
the Oo always sound like the o in go.
Finally, the Uu always sounds like the oo in food.

Now, here's some good news:
Most of the consonants in Spanish sound just like they do in English!

Notice we said, "most." So let's take a quick look at Hh and Jj.
Find them on the next page and color them "MORADO"
Now shhhhh! The Hh doesn't make a sound.
Meanwhile, the Jj sounds like the h in hello!

Turn the page to learn some more!

El Abecedario

Aa Bb Cc Ch ch
Dd Ee Ff Gg Hh
Ii Jj Kk Ll
Ll ll Mm Nn Ññ
Oo Pp Qq Rr
Ss Tt Uu Vv
Ww Xx Yy Zz

Letra y Sílabas

Traza cada sílaba y dila en voz alta.
(Trace each syllable and say it out loud.)

m	ma	me	mi	mo	mu
	ma	me	mi	mo	mu
	ma	me	mi	mo	mu
	ma	me	mi	mo	mu
	ma	me	mi	mo	mu
	ma	me	mi	mo	mu
	ma	me	mi	mo	mu

¿Dónde está la letra?

Show Shazam where he can find an "M" on this page.
Trace each "M" with the color of your choice!

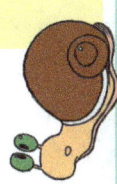

```
A M P O I A S Y D F Ñ L K
J W E R Z X C h V M L I K A
M D S D F O I Y Q E W R M
J A S D F M I R E Y Z C X
P O Y M K X C h V C V M L I K
J A S D F L M K K J Q W E R O
P I Y A S Ñ D F M L K W A S
C X Z M N H L I Q J A D S
```

Bonus: How many "M's" did you trace? _____

Try it!

Palabras

mámá

mesa

miel

mono

muñeco

¡Pruébalo!

¡Fuegos artificiales!

Finish the firework by coloring each lowercase "m" and connecting it to the uppercase "M." Be careful to only color the letter "m."

Letra y Sílabas

a e i o u

Traza cada sílaba y dila en voz alta.
(Trace each syllable and say it out loud.)

	+a	+e	+i	+o	+u
p	pa	pe	pi	po	pu
	pa	pe	pi	po	pu
	pa	pe	pi	po	pu
	pa	pe	pi	po	pu
	pa	pe	pi	po	pu
	pa	pe	pi	po	pu
	pa	pe	pi	po	pu

¡Hora de colorear!

Follow the code below to color the picture.

p = gris   e = azul   o = negro
a = rosado   i = verde   u = azul celeste

BONUS: Where is Lulú? _____

¿Dónde está la letra?

Show Shazam where he can find a "P" on this page.
Trace each "P" with the color MORADO.
When you are done, trace all of the "vocales" in VERDE.
Remember the "vocales" are the vowels A, E, I, O and U.

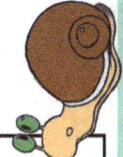

```
J W E R Z X C h V P L I K A
M D S P F O I U Q E W R M K
P A P D F M I R E U Z C X
P O Y M K X C O h V P L K
J A S D F L M P K J Q W E R O
P I U A S Ñ D F P L K W A S
C X Z M N H L I Q J A D S
D M O T G H K P R E S I O P
```

Bonus: How many "vocales" did you trace? _____

Palabras

Read it!

<u>p</u>ato

<u>p</u>era

<u>p</u>iña

<u>p</u>ollo

<u>p</u>uma

¡Léelo!

Letra y Sílabas

Traza cada sílaba y dila en voz alta.
(Trace each syllable and say it out loud.)

¿Dónde está la letra?

Show Shazam where he can find a "S" on this page.
Trace each "S" in the color ROJA.
When you are done, trace all of the "vocales" with ANARANJADO.
Remember the "vocales" are the vowels A, E, I, O and U.

```
S W E R Z X C V P L I K I
M D S P F O I U Q E W S M A
P A P D F M O S E U Z C X
S O V M K X S E C h V P L K
J A S D F L Ñ P K J Q W E R O
P I U A S M D F P L K W U S
C X Z M N H L I Q J A D S
D M O T G H K P R E S I O P
```

Bonus: How many "vocales" did you trace?_____

Palabras

Say it!

s̲apo

s̲ello

s̲illa

s̲opa

s̲umas

¡Dilo!

⑩

Super-disfraces

Draw costumes for each of the Sprout Friends. Be sure to include the letter "S" in your design!

Lily

Lulú

Bob

Marta

Pepé

Arco Iris

Fill in the rainbows below by making syllables that start with "T."

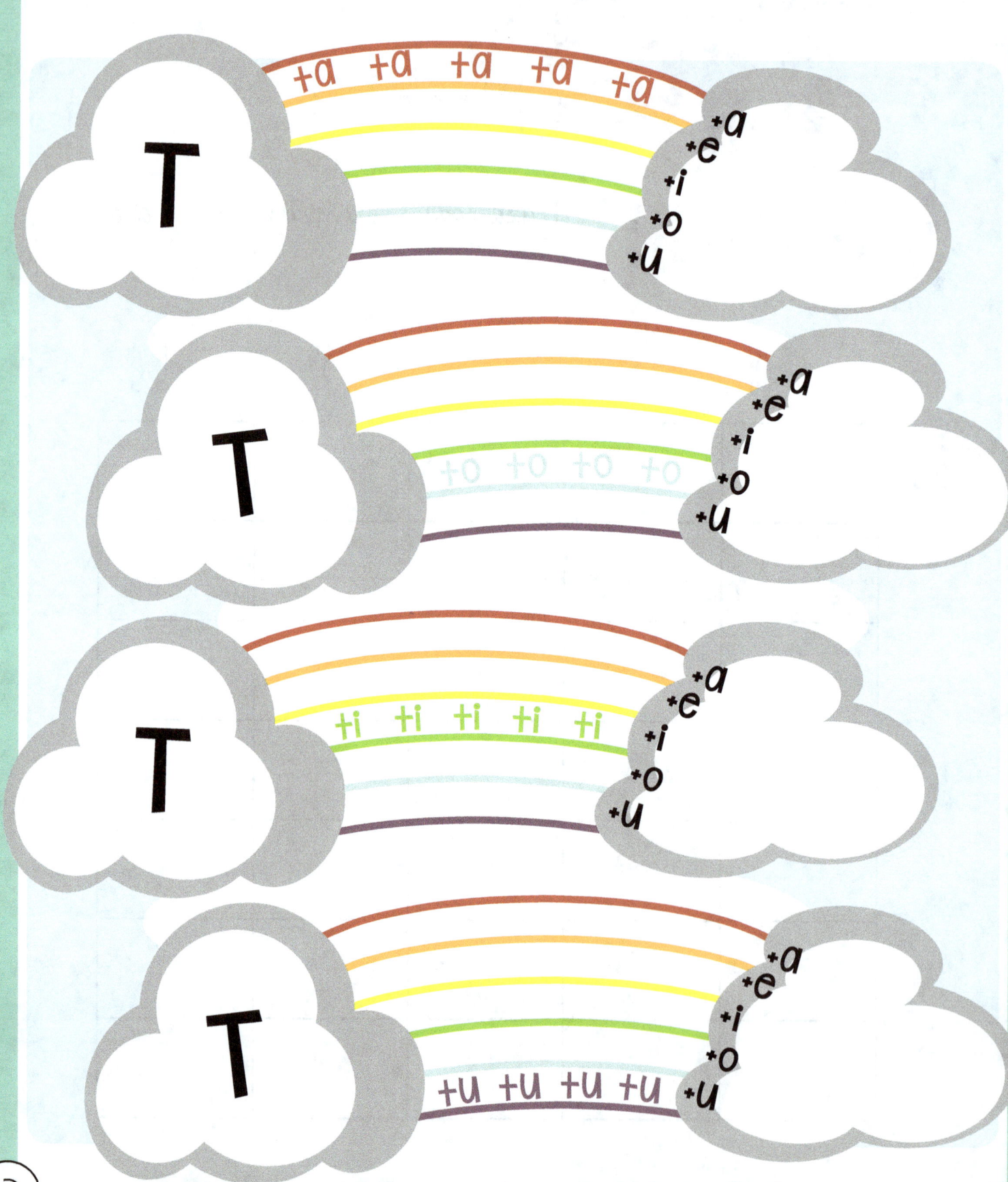

¿Dónde está la letra?

Show Shazam where he can find a "T" on this page.
Trace each "T" in the color MORADO.
When you are done, trace all of the "vocales" with VERDE.
Remember the "vocales" are the vowels A, E, I, O and U.

```
T T E R Z X C V P L I K I
M D S P F A I O Q E W T M T
P Y P D F M I I S E Y Z C T
S A Y M T X S E C H V P L K
T O S D F L M P K J Q W E R O
P I Y E S M D F T L K W Y S
C X Z T N E L I Q J A D S
D U Ñ T G H K P R U S I O P
```

Bonus: How many "T's" did you trace? _____

Palabras

<u>t</u>allo

<u>t</u>echo

<u>t</u>iza

<u>t</u>opo

<u>t</u>ubo

Try it!

¡Pruébalo!

Letra y Sílabas

N n a e i o u

Traza cada sílaba y dila en voz alta.
(Trace each syllable and say it out loud.)

n	+a	+e	+i	+o	+u
	na	ne	ni	no	nu
	na	ne	ni	no	nu
	na	ne	ni	no	nu
	na	ne	ni	no	nu
	na	ne	ni	no	nu
	na	ne	ni	no	nu
	na	ne	ni	no	nu

¿Dónde está la letra?

Show Shazam where he can find a "N" on this page.
Trace each "N" in the color ROJA.
When you are done, trace all of the "vocales" with ANARANJADO.
Remember the "vocales" are the vowels A, E, I, O and U.

```
A N W R Z X C h V P N K I
L D S P F M N Y Q E W S M A
P A I D F M O S E Y N C X
N O Y M K X S E C V N L I
J N S D F L M P B J Q W E R O
P I Y A N Ñ D F P L K W U S
C X Z M N H L I Q J A D S
D M O T G H N P R E S I O P
```

BONUS: How many "vocales" did you trace? _____

Palabras

Read it!

nariz

nene

nido

noche

nudo

¡Léelo!

Letra y Sílabas

Bb a e i o u

Traza cada sílaba y dila en voz alta.
(Trace each syllable and say it out loud.)

	+a	+e	+i	+o	+u
b	ba	be	bi	bo	bu
	ba	be	bi	bo	bu
	ba	be	bi	bo	bu
	ba	be	bi	bo	bu
	ba	be	bi	bo	bu
	ba	be	bi	bo	bu
	ba	be	bi	bo	bu

¡Fuegos artificiales!

Finish the firework by coloring each lowercase "b" and connecting it to the uppercase "B." Be careful to only color the letter "b."

¿Dónde está la letra?

Show Shazam where he can find a "B" on this page.
Trace each "B" in the color MORADO.
When you are done, trace all of the "vocales" with VERDE.
Remember the "vocales" are the vowels A, E, I, O and U.

```
S W E R Z X C h V P L I B I
M B S P F O I U Q E W S M A
P A P D F m O B E B Z C X
U O Y B K X S E C h V P L K
J A S D F L m P B J Q W R E Y
B I U A S M D F P L K W U S
C X Z B ñ H L Q J A D S
D M O T G H K P R E B I O P
```

Bonus: How many "vocales" did you trace?_____

Palabras

Say it!

<u>b</u>allena

b<u>e</u>renjena

b<u>i</u>cicleta

b<u>o</u>ta

b<u>ú</u>ho

¡Dilo!

20

Letra y Sílabas

Ll   a e i o u

Traza cada sílaba y dila en voz alta.
(Trace each syllable and say it out loud.)

	+a	+e	+i	+o	+u
l	la	le	li	lo	lu
	la	le	li	lo	lu
	la	le	li	lo	lu
	la	le	li	lo	lu
	la	le	li	lo	lu
	la	le	li	lo	lu
	la	le	li	lo	lu

¿Dónde está la letra?

Show Shazam where he can find a "L" on this page.
Trace each "L" in the color ROJO.
When you are done, trace all of the "vocales" with ANARANJADO.
Remember the "vocales" are the vowels A, E, I, O and U.

```
S W E R Z X C h V P L I K I
M D S P F O I L Q E W S M A
L A P D F L O S E Y Z C C X
L O Y M L X S E C h V P L K
J A S L F L Ñ P K J Q W E R O
P I Y A S M D F P L K W U S
C X Z M N H L I Q J A D S
D M O T G H K P R E S I O L
```

Bonus: How many "vocales" did you trace? _____

Palabras

Try it!

lápiz

leche

limón

lobo

luna

¡Pruébalo!

22

¡Hora de colorear!

Follow the code below to color the picture.

L = morado   e = azul   o = rojo
a = rosado   i = verde   u = anaranjado

BONUS: What is Lily holding? _____

Letra y Sílabas

 **F f**   a e i o u

Traza cada sílaba y dila en voz alta.
(Trace each syllable and say it out loud.)

	+a	+e	+i	+o	+u
f	fa	fe	fi	fo	fu
	fa	fe	fi	fo	fu
	fa	fe	fi	fo	fu
	fa	fe	fi	fo	fu
	fa	fe	fi	fo	fu
	fa	fe	fi	fo	fu
	fa	fe	fi	fo	fu

¡Telaraña!

How many lower case "f's" and upper case "F's" can the spider catch in her web? Fill in the web with as many "f's" and "F's" as possible!

BONUS 1: How many "f's" did the spider catch? _____

BONUS 2: How many "F's" did the spider catch? _____

Draw lines to help the spider complete the missing portions of her web. Fill up the new web with more "F's" and "f's."

BONUS 3: Now how many "F's" and "f's" did the spider catch? _____

¿Dónde está la letra?

Show Shazam where he can find a "F" on this page.
Trace each "F" in the color MORADO.
When you are done, trace all of the "vocales" with VERDE.
Remember the "vocales" are the vowels A, E, I, O and U.

```
S W E F Z X C h V P L I K I
M D S P F O I U Q E W S F A
F A P D F M O S E U Z C X
S F V M K X S E C h V P L K
J A S D F L M P K J Q W E F O
P I U A S Ñ D F P L K W F S
C X Z F N H L I Q J A D S
D M O T G H K F R E S I F P
```

BONUS: How many "vocales" did you trace? _____

Palabras

Read it!

familia
feliz
fideos
foca
fútbol

¡Léelo!

¿Dónde está la letra?

Show Shazam where he can find a "R" on this page.
Trace each "R" in the color ROJA.
When you are done, trace all of the "vocales" with ANARANJADO.
Remember the "vocales" are the vowels A, E, I, O and U.

```
S W E R Z X Ch V P L I K I
R D S P F O I Y Q E W S m ñ
P A P D F m o S R Y Z C X
O R Y m K X S E Ch V P L K
J A S D F L m P R J Q W E R O
P I Y A S R D F P L K W Y S
C X Z m N H L I Q J A R S
D m O T G H K P R E S I O P
```

bonus: How many "vocales" did you trace? _____

Palabras

Say it!

r<u>a</u>n<u>a</u>

r<u>e</u>l<u>o</u>j

r<u>i</u>s<u>a</u>

r<u>o</u>p<u>a</u>

r<u>ue</u>d<u>a</u>

¡Dilo!

Arco Iris

Fill in the rainbows below by making syllables that start with "R."

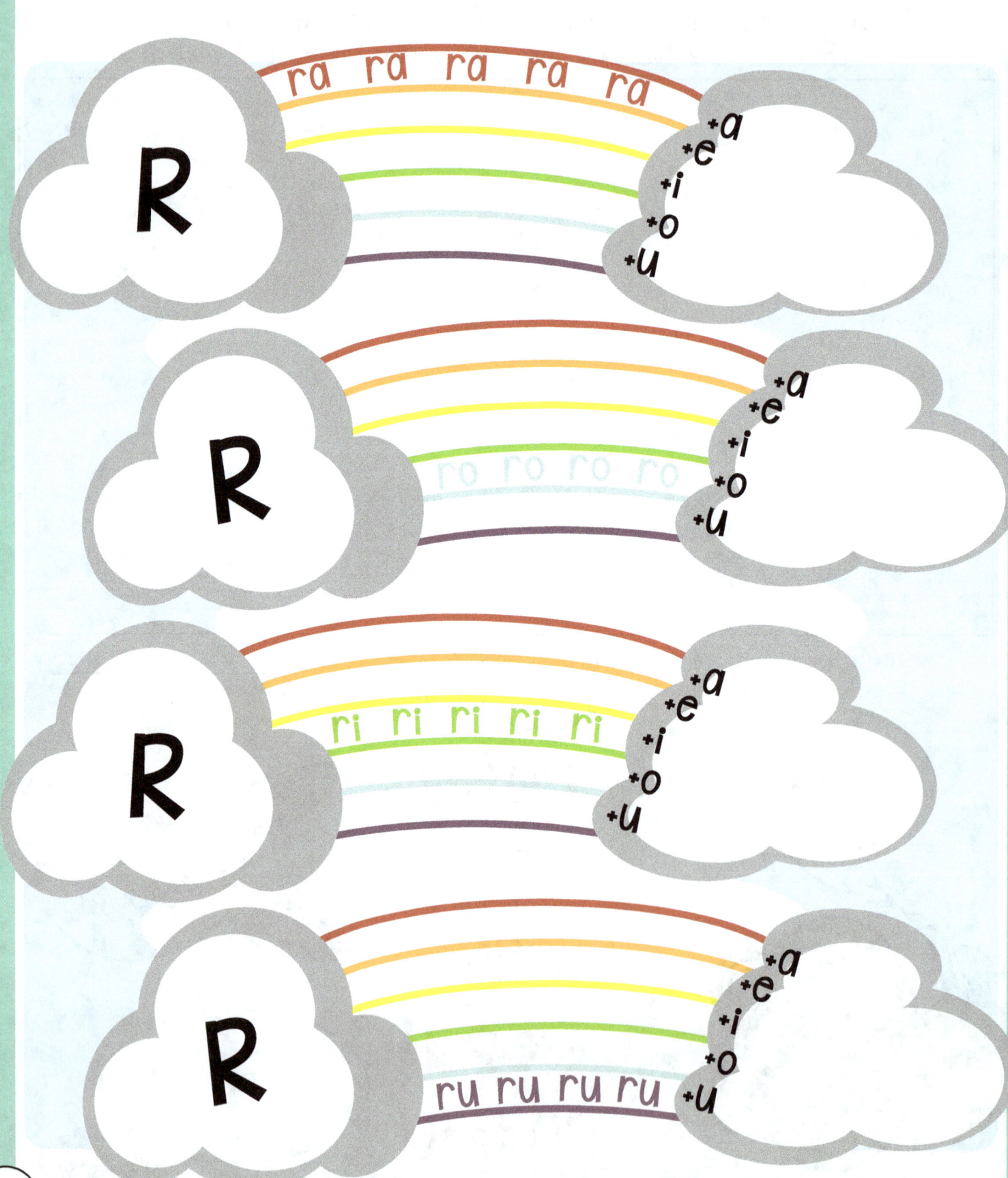

Letra y Sílabas

Traza cada sílaba y dila en voz alta.
(Trace each syllable and say it out loud.)

d	da	de	di	do	du
	da	de	di	do	du
	da	de	di	do	du
	da	de	di	do	du
	da	de	di	do	du
	da	de	di	do	du
	da	de	di	do	du
	da	de	di	do	du

¿Dónde está la letra?

Show Shazam where he can find a "D" on this page.
Trace each "D" in the color MORADO.
When you are done, trace all of the "vocales" with VERDE.
Remember the "vocales" are the vowels A, E, I, O and U.

```
Ñ W E R Z X C h V D O L I K I
M D S P D O I Y Q E W S M A
D A P D F M O S E Y Z C X
S O Y M K X S D C h V P L K
E A S D F L M P K J Q W E R I
P I Y A S Ñ D F P L K W Y S
C X Z M D H L I Q J A D S
D M D T G H K P O E S I Y P
```

Bonus: How many "vocales" did you trace? _____

Palabras

Try it!

d<u>a</u>do

d<u>e</u>do

<u>d</u>inero

<u>d</u>os

<u>d</u>uda

¡Pruébalo!

32

¿Dónde está la letra?

Show Shazam where he can find a "V" on this page.
Trace each "V" in the color ROJA.
When you are done, trace all of the "vocales" with ANARANJADO.
Remember the "vocales" are the vowels A, E, I, O and U.

```
S W E R Z X C h V P L K I
M D S P F O V U Q E W S I A
V A P D F M O S E U Z C X
S O Y M K X S E C V P L I K
J A S D F L M P K V Q W I Ñ O
P I U A S V D F P L K W U S
V X Z M N H L I Q J A D S
D M O T G H K P V E S I O P
```

bonus: How many "vocales" did you trace? _____

Palabras

Read it!

<u>v</u>aca

<u>v</u>eia

<u>v</u>íbora

<u>v</u>olcán

<u>v</u>uela

¡Léelo!

34

¡Fuegos artificiales!

Finish the firework by coloring each lowercase "v" and connecting it to the uppercase "V." Be careful to only color the letter "v."

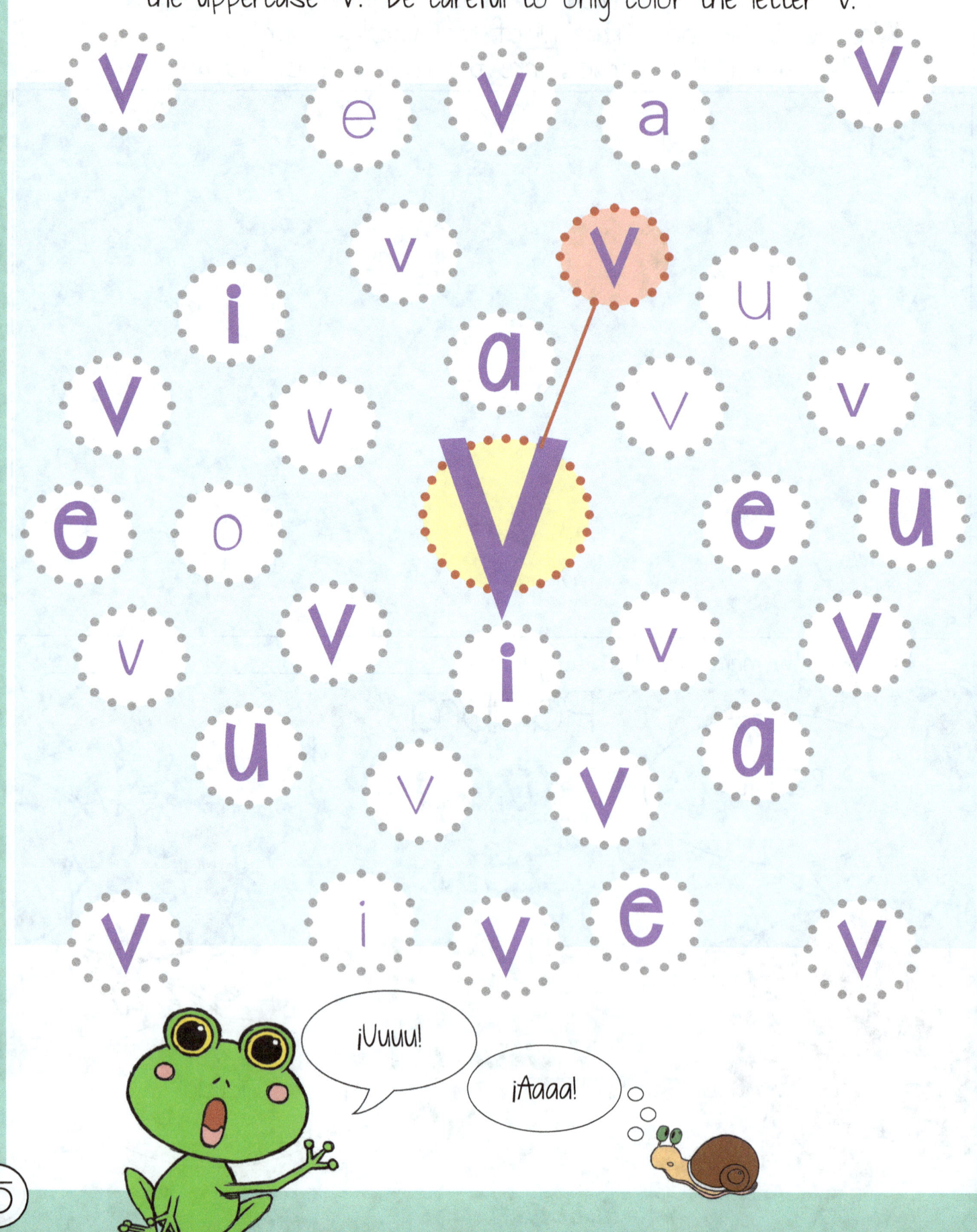

¡Hora de colorear!
Follow the code below to color the picture.

k = gris   e = azul   o = anaranjado
a = rosado   i = verde   u = café

BONUS: What does Emma have? _____

¿Dónde está la letra?

Show Shazam where he can find a "K" on this page.
Trace each "K" in the color MORADO.
When you are done, trace all of the "vocales" with VERDE.
Remember the "vocales" are the vowels A, E, I, O and U.

```
S K E R Z X C h V P L I K I
K D S P F O I Y Q E W S M A
ñ A P D F m o S K y Z C X
S O y m K X S E C V P L I K
J A S D F L ñ P K J Q W E R O
P I U A S m D F P L K W U S
C X Z K n H L I Q J A D S
D m O T G H K P R E S I O P
```

Bonus: How many "vocales" did you trace? _____

Palabras

Say it!

karate
kenia
kilo
koala
kung fu

¡Dilo!

Letra y Sílabas

Ch ch a e i o u

Traza cada sílaba y dila en voz alta.
(Trace each syllable and say it out loud.)

	+a	+e	+i	+o	+u
Ch	cha	che	chi	cho	chu
	cha	che	chi	cho	chu
	cha	che	chi	cho	chu
	cha	che	chi	cho	chu
	cha	che	chi	cho	chu
	cha	che	chi	cho	chu
	cha	he	chi	cho	chu

¿Dónde está la letra?

Show Shazam where he can find a "Ch" on this page.
Trace each "Ch" in the color ROJA.
When you are done, trace all of the "vocales" with ANARANJADO.
Remember the "vocales" are the vowels A, E, I, O and U.

```
S W E R Z X Ch V P L K I
M D S P F O I U Q E W S M A
P A P D F M O S E Y Z C X
S O Y M K X S E Ch V P L K
J A S D F L C P K J Q W E R O
P Ch A S M D F P L K W U S
Ch X Z M H H L Q J A D S
D M O T G H K Ch E S I O P
```

BONUS: How many "Ch's" did you trace? _____

Palabras

Try it!

Chavo
Cachete
Chile
Chorizo
Churros

¡Pruébalo!

¡Mariposas!

Do you see the syllables hidden in each butterfly wing? Trace them with your pencil. Next, color all the parts of each wing that do <u>not</u> have hidden syllables.

Arco Iris

Fill in the rainbows below by making syllables that start with "Ll."

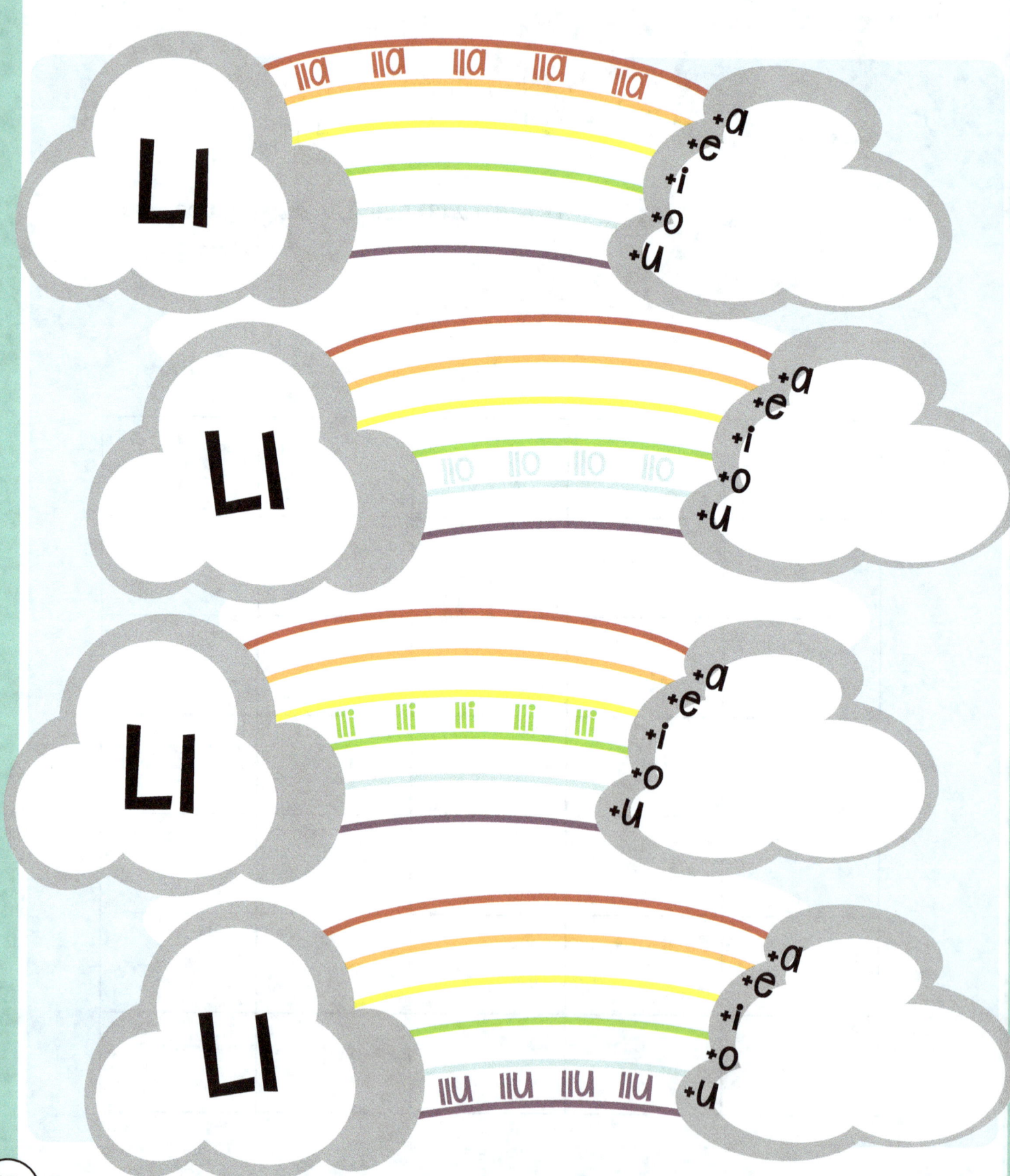

¿Dónde está la letra?

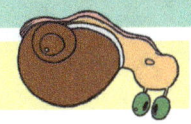

Show Shazam where he can find a "Ll" on this page.
Trace each "Ll" in the color MORADO.
When you are done, trace all of the "vocales" with VERDE.
Remember the "vocales" are the vowels A, E, I, O and U.

```
S W E R Z X C h V P L l K I
M D S P F O I Y Q E W S M A
P A P L l M O S E Y Z C X
S O Y M K X S E C V P L l K
J A S D F L M P K J Q W E R O
P I Y A S Ñ D F P L K W U S
C X Z M N H L l Q J A D S
L l O T G H K P R E S I O P
```

Bonus: How many "Ll's" did you trace? _____

Palabras

Read it!

llaves
lleva
ga**ll**ina
llora
lluvia

¡Léelo!

¿Dónde está la letra?

Show Shazam where he can find a "Y" on this page.
Trace each "Y" in the color ROJO.
When you are done, trace all of the "vocales" with ANARANJADO.
Remember the "vocales" are the vowels A, E, I, O and U.

```
V W E R Z X C h V P L K I
M D S P F O Y Q E W S M A
P A P D F Y O S E Y Z C X
S O Y M Y X S E C V P L I
J Y S D F L Ñ P K J Q W E R O
P I Y A S M D F P L Y W U S
C X Z M N H L Q J A D Y
D V O T G H K P R E S I O P
```

BONUS: How many "vocales" did you trace? _____

Palabras

Say it!

payaso
yema
playita
yogur
yuca

¡Dilo!

Remember "ñ" makes an English "n+y" sound.

Letra y Sílabas

Ññ

a e i o u

Traza cada sílaba y dila en voz alta.
(Trace each syllable and say it out loud.)

	+a	+e	+i	+o	+u
ñ	ña	ñe	ñi	ño	ñu
	ña	ñe	ñi	ño	ñu
	ña	ñe	ñi	ño	ñu
	ña	ñe	ñi	ño	ñu
	ña	ñe	ñi	ño	ñu
	ña	ñe	ñi	ño	ñu
	ña	ñe	ñi	ño	ñu

¡Fuegos artificiales!

Finish the firework by coloring each lowercase "ñ" and connecting it to the uppercase "Ñ." Be careful to only color the letter "ñ."

¡Uuuu!

¡Aaaa!

¿Dónde está la letra?

Show Shazam where he can find a "Ñ" on this page.
Trace each "Ñ" in the color ROJA.
When you are done, trace all of the "vocales" with ANARANJADO.
Remember the "vocales" are the vowels A, E, I, O and U.

```
S W E R Z X Ch V P L Ñ I
M D S P F O I U Q E W S M A
Ñ A P D F m o S E Ñ Z C X
S o Ñ m K X S E C V P L Ñ
J A S D F L C P K J Q W E R O
P Ch A S Ñ D F P L K W U n
Ch X Z M n H L Q J A D S
ñ m O T G H K Ch E S I O P
```

BONUS: How many "Ñ's" did you trace? _____

Palabras

Try it!

ni**ñ**a
mu**ñ**eca
me**ñ**ique
sue**ñ**o
pa**ñ**uelo

¡Pruébalo!

Remember "h" doesn't make a sound at all!

Letra y Sílabas

Hh a e i o u

Traza cada sílaba y dila en voz alta.
(Trace each syllable and say it out loud.)

	+a	+e	+i	+o	+u
h	ha	he	hi	ho	hu
	ha	he	hi	ho	hu
	ha	he	hi	ho	hu
	ha	he	hi	ho	hu
	ha	he	hi	ho	hu
	ha	he	hi	ho	hu
	ha	he	hi	ho	hu

¿Dónde está la letra?

Show Shazam where he can find a "H" on this page.
Trace each "H" in the color MORADO.
When you are done, trace all of the "vocales" with VERDE.
Remember the "vocales" are the vowels A, E, I, O and U.

```
H W E R Z X C h V P L I K I
M D S P H O I U Q E W H M A
P A H L I M O S E Y Z C X
S O Y M H X S E H V P L I K
J A S D F L H P K J Q W E R O
P I H A S Ñ D F P L K W U S
C X Z M N H L I Q J A D H
L I O T G H K H R E S I O P
```

Bonus: How many "H's" did you trace?_____

Palabras

¡Shhhhhhh!

hacha

helado

hijo

hola

huevo

52

¡Hora de colorear!

Follow the code below to color the picture.

h = café   e = azul   o = anaranjado
a = rosado   i = verde   u = azul celeste

BONUS: What does Shazam want to eat? _____

¡El teléfono suena!

What sound can you dial? Tap the highlighted keys on each phone and write the syllable that appears on its screen.

¿Dónde está la letra?

Show Shazam where he can find a "J" on this page.
Trace each "J" in the color ROJO.
When you are done, trace all of the "vocales" with ANARANJADO.
Remember the "vocales" are the vowels A, E, I, O and U.

```
V W E R Z X Ch V P L K I
M D S P F O V U Q E W S M A
P A P D F J O S E Y Z C X
S O Y M Y X S E C V P L I K
J V S D F L Ñ P K J Q W E R O
P I U A S J D F P L V J U S
C X Z M N H L Q J A D V
D V O T G H K P R E S I O P
```

Bonus: How many "vocales" did you trace? _____

Palabras

jamón
jefe
jirafa
joven
jugo

¿Por qué el gallo cruzó la calle?

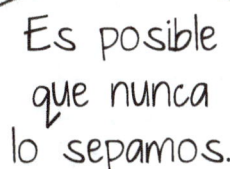
Es posible que nunca lo sepamos.

¡Ja ja ja!

¿Dónde está la letra?

Show Shazam where he can find a "W" on this page.
Trace each "W" in the color ROJA.
When you are done, trace all of the "vocales" with ANARANJADO.
Remember the "vocales" are the vowels A, E, I, O and U.

```
S W E R Z X C h V P L K I
M D S P F O I Y Q E W S M A
P A P D F m O S E Y Z C X
S O Y M K X S E C h V P L K
J A S D F L C P K J Q W E R O
P C h A S m D F P L K W U S
C h X Z m N H L Q J A D S
D M O T G H K C h E S I O P
```

Bonus: How many "W's" did you trace? _____

Palabras

<u>Wa</u>piti

<u>We</u>b

Ki<u>wi</u>

<u>Wo</u>k

Spanish does not have a lot of words that use the letter "w" but it has more and more as Spanish speakers bring words from other languages into their daily speech.

Did you know that all world languages grow and change over time?

Arco Iris

Fill in the rainbows below by making syllables that start with "W."

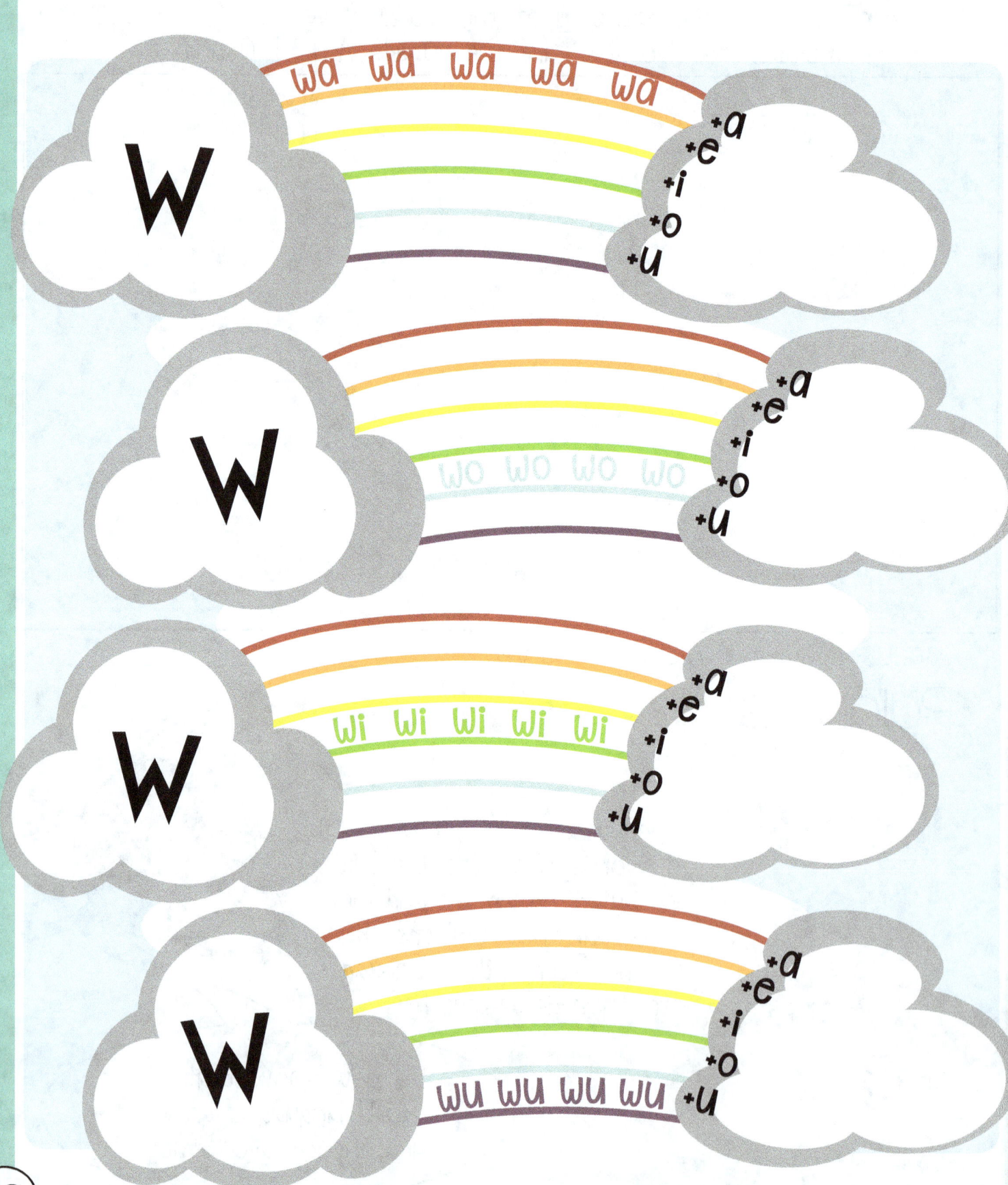

Letra y Sílabas

Xx a e i o u

Traza cada sílaba y dila en voz alta.
(Trace each syllable and say it out loud.)

	+a	+e	+i	+o	+u
x	xa	xe	xi	xo	xu
	xa	xe	xi	xo	xu
	xa	xe	xi	xo	xu
	xa	xe	xi	xo	xu
	xa	xe	xi	xo	xu
	xa	xe	xi	xo	xu
	xa	xe	xi	xo	xu

¿Dónde está la letra?

Show Shazam where he can find a "X" on this page.
Trace each "X" in the color MORADO.
When you are done, trace all of the "vocales" with VERDE.
Remember the "vocales" are the vowels A, E, I, O and U.

```
S W E R Z X C h V P L I K I
X D S P F O I X Q E W S M A
P A P L I M O S E U Z C X
X O V X K X S E C V P L I K
J A S D F L M P K J Q X E R O
P I U A S Ñ D F E X L K W U X
C X Z M N H L I Q J A D S
L I O T G H K X R E S I O P
```

BONUS: How many "X's" did you trace? _____

Palabras

e**x**acto

bo**x**eador

má**x**imo

sa**x**ofón

Pay attention because sometimes "x" makes an English "h" sound. This happens in the word "México," for example.

"XU" - There aren't any...at least not yet!

¿Dónde está la letra?

Show Shazam where he can find a "Z" on this page.
Trace each "Z" in the color ROJO.
When you are done, trace all of the "vocales" with ANARANJADO.
Remember the "vocales" are the vowels A, E, I, O and U.

```
Y W E R Z X Ch V P L K I
M D S P F O Y U Q E W S M A
P A P D F V O S E U Z C X
S O Y M Y X S E C V P L I K
J V S D F L Ñ P K J Q W E R O
P I U A S M D F P L Y W U S
C X Z M N H L Q J A D V
D Y O T G H K P R E S I O P
```

BONUS: How many "vocales" did you trace? _____

Palabras

Say it!

zapatos
zeta
zinc
zorro
azul

¡Dilo!

64

¡Fuegos artificiales!

Finish the firework by coloring each lowercase "z" and connecting it to the uppercase "Z." Be careful to only color the letter "z."

Remember "c" sounds like the English "k" or the English "s."

Letra y Sílabas

Cc

a e i o u

Traza cada sílaba y dila en voz alta.
(Trace each syllable and say it out loud.)

c	+a ("k" sound)	+e ("s" sound)	+i ("s" sound)	+o ("k" sound)	+u ("k" sound)
	ca	ce	ci	co	cu
	ca	ce	ci	co	cu
	ca	ce	ci	co	cu
	ca	ce	ci	co	cu
	ca	ce	ci	co	cu
	ca	ce	ci	co	cu
	ca	ce	ci	co	cu

"Ce" sounds like the English "say" and "ci" sounds like the English "see."

66

¿Dónde está la letra?

Show Shazam where he can find a "C" on this page.
Trace each "C" in the color MORADO.
When you are done, trace all of the "vocales" with VERDE.
Remember the "vocales" are the vowels A, E, I, O and U.

```
S C E R Z X C V P L Ñ I
m C S P F O I U Q E W S m A
ñ A P D F m O S E Ñ Z C X
C O ñ m K X S E C V P L ñ
J A S D F L C P K J Q W E R O
P C h A S Ñ D F P L K W U n
C X Z m n H L Q J A D S
ñ m O T G H K C h E S I O P
```

BONUS: How many "C's" did you trace? _____

Palabras

Try it!

casa

cena

cine

coco

cuna

¡Pruébalo!

¿Dónde está la letra?

Show Shazam where he can find a "Q" on this page.
Trace each "Q" in the color ROJO.
When you are done, trace all of the "vocales" with ANARANJADO.
Remember the "vocales" are the vowels A, E, I, O and U.

```
V W E R Z X Q V P L K I
M D S P F O Y Q E W S M A
P A P D F V O S E Y Z C X
S Q Y M Y X S E C V Q L K
Q Y S D F L Ñ P K J Q W E R O
P I U A S M D F P L V W U S
C X Z M N H L Q J A D Y
D V O T G H K P R E S I O P
```

BONUS: How many "vocales" did you trace? _____

El Jardín de Letras

Fill in each flower petal with the syllable described in the flower's center.

Remember "g" sounds like the English "g" or the English "h."

Letra y Sílabas

Gg a e i o u

Traza cada sílaba y dila en voz alta.
(Trace each syllable and say it out loud.)

g	+a ("g" sound)	+e ("h" sound)	+i ("h" sound)	+o ("g" sound)	+u ("g" sound)
	ga	ge	gi	go	gu
	ga	ge	gi	go	gu
	ga	ge	gi	go	gu
	ga	ge	gi	go	gu
	ga	ge	gi	go	gu
	ga	ge	gi	go	gu
	ga	ge	gi	go	gu

"Ge" sounds like the English "hay" and "gi" sounds like the English "he."

¿Dónde está la letra?

Show Shazam where he can find a "G" on this page.
Trace each "G" in the color ROJO.
When you are done, trace all of the "vocales" with ANARANJADO.
Remember the "vocales" are the vowels A, E, I, O and U.

```
S W E R Z X G V P L I K I
X D S P F O I X Q E W S M A
P A P L I M O S E Y Z C G
G O V X K G S E C V P L I K
J A S D F L M P K J Q X E R O
G I Y A S Ñ D F G L K W Y X
C X Z M N H L I Q J A D S
L I O T G H K X R E S I O P T
```

Bonus: How many G's" did you trace?_____

Palabras

- ga<u>t</u>o
- con<u>ge</u>lado
- <u>gi</u>rar
- la<u>go</u>
- <u>gu</u>sano

Read it!

¡Léelo!

72

Diptongos e Hiatos

"Diptongos" and "hiatos" are what we call two vowels placed next to each other in a word. You already know the sound that each vowel makes, right? So, listen closely to Spanish words that have "diptongos" and "hiatos" and you will hear the sound associated with each vowel!

Let's take a look!

¡Guau!

Traza cada diptongo o hiato y dila en voz alta.
(Trace each vowel combination and say it out loud.)

Aa
a

+a	+e	+i	+o	+u
aa	ae	ai	ao	au
aa	ae	ai	ao	au
aa	ae	ai	ao	au
aa	ae	ai	ao	au

c**ae**r ★ **ai**re ★ P**ao**la ★ **au**dio

When you are done working with the starred vowel, read the practice words to your teacher. Once you have read the words out loud, color in the star around the vowel. and move on to the next starred vowel!

Diptongos e Hiatos

Traza cada diptongo o hiato y dila en voz alta.
(Trace each vowel combination and say it out loud.)

E e +a +e +i +o +u

ea	ee	ei	eo	eu
ea	ee	ei	eo	eu
ea	ee	ei	eo	eu
ea	ee	ei	eo	eu

lín<u>ea</u> ★ ac<u>ei</u>te ★ mus<u>eo</u> ★ d<u>eu</u>da

I i +a +e +i +o +u

ia	ie	ii	io	iu
ia	ie	ii	io	iu
ia	ie	ii	io	iu
ia	ie	ii	io	iu

d<u>ia</u>rio ★ p<u>ie</u>rna ★ id<u>io</u>ma ★ c<u>iu</u>dad

Diptongos e Hiatos

Traza cada diptongo o hiato y dila en voz alta.
(Trace each vowel combination and say it out loud.)

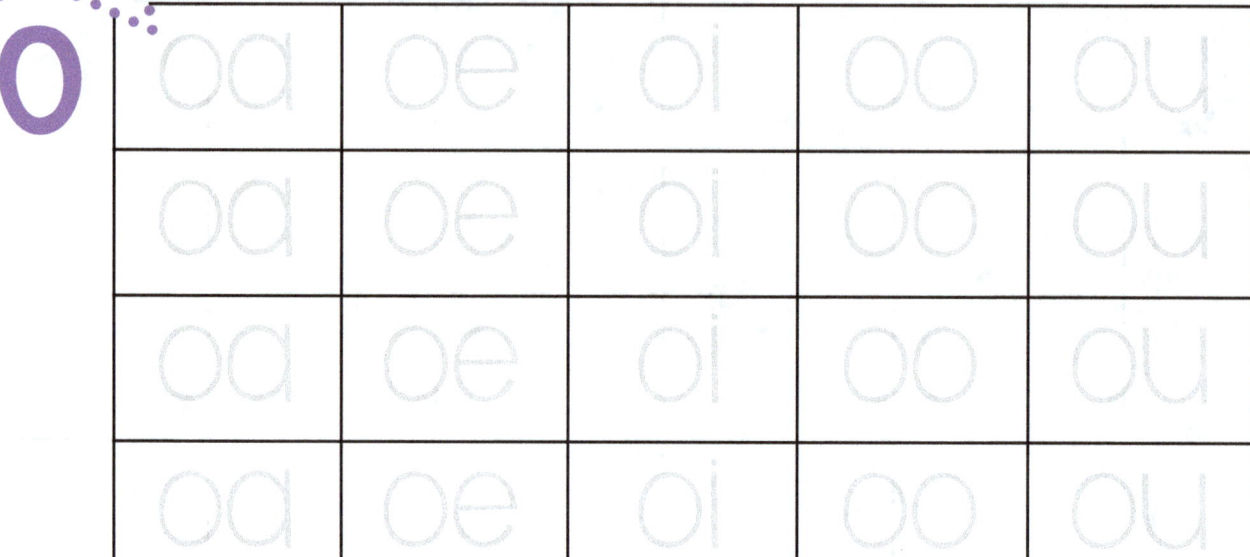

t<u>oa</u>lla ★ p<u>oe</u>ma ★ <u>oí</u>do ★ s<u>ou</u>za

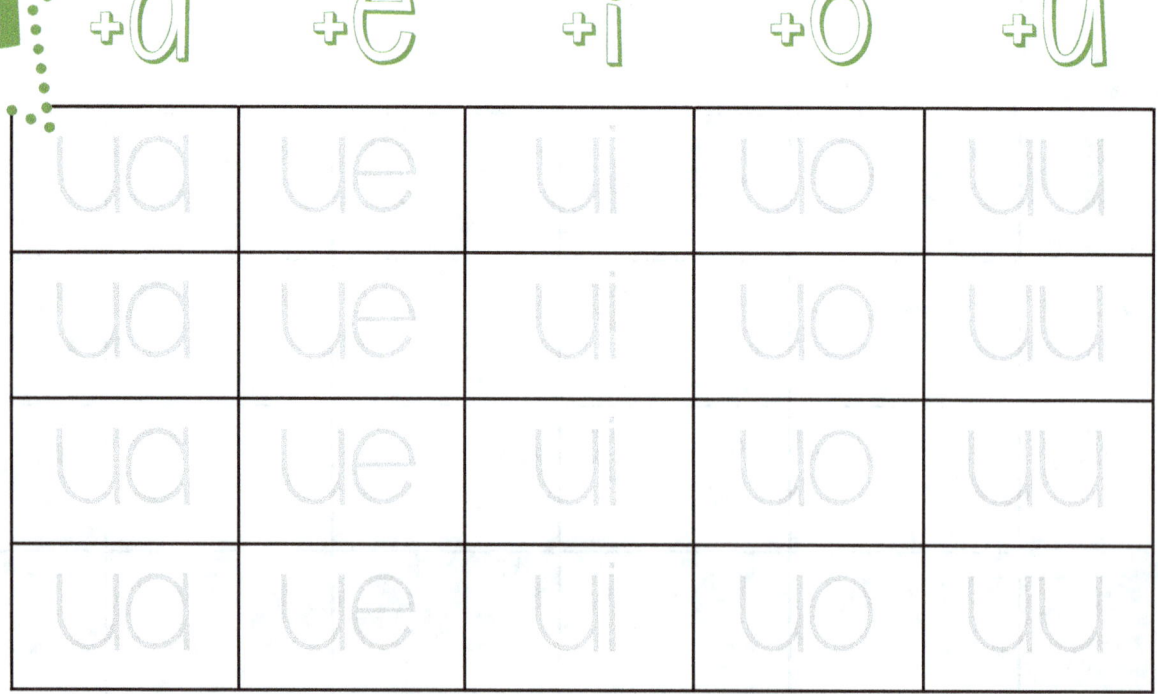

act<u>ua</u>l ★ f<u>ue</u>go ★ r<u>ui</u>do ★ act<u>uó</u>

Letras y Diptongos

Complete the table and say each new letter combination out loud.
Your teacher may want to use your completed table to play BINGO!

	+ai	+au	+ei	+ia	+ie	+oi	+ua	+ue
M					mie			
P						Poi		
S		Sau						
T				Tia				
N							nua	
B			Bei					
L	Lai							
F								Fue
R					Rie			
D		Dau						

¡más práctica!

Trabalenguas

Practice reading each tounge-twister out loud!
Then, draw a picture to help remember what the sentence means.

Lola limpia los limones.

Ese oso usa esa mesa.

¡más práctica!

Trabalenguas

Practice reading each tounge-twister out loud!
Then, draw a picture to help remember what the sentence means.

La gallina llora y lleva llaves en la lluvia.

Mi familia fue a una fiesta con focas y elefantes.

80

¡más práctica!

Trabalenguas

Practice reading each tounge-twister out loud!
Then, draw a picture to help remember what the sentence means.

Dame dos dados.

Tu tía Tina toma el té.

Trabalenguas

¡más práctica!

Practice reading each tounge-twister out loud!
Then, draw a picture to help remember what the sentence means.

El pirata en ropa rosada mira su oro.

El chavo come chorizo, chocolate y churros.

What's Next?

¡Felicidades!

¡Bien hecho!

Cogratulations! Well done and Hooray!

Don't stop now.
You are ready to follow the Sprout Friends in readers such as

Los Amigos Sprout

and

Contando con Los Amigos Sprout

all while you learn
more and more Spanish
in our leveled work book series!

Check us out on the web at

www.languagesprout.com

¡Bravo!

¡Felicidades!
Congratulations!

Nombre: _____
                name

You have completed

cuaderno de Abecdario

We are so proud of you!

¡Estamos muy orgullosos de ti!

www.ingramcontent.com/pod-product-compliance
Lightning Source LLC
Chambersburg PA
CBHW081505070526
44586CB00019B/2490